OF YOU AND ME

NOUS AUTRES

A Contemporary View of Human Rights
by Young Canadians

Vue contemporaine des droits
de la personne par des
jeunes Canadiens

All About Us — Nous Autres Canada, Inc.

United
Nations'
Ideals
Values
Ethics
Respect
Sharing
And
Laughter

Denote
Eternal
Charity
Love
And
Respect
Amid
The
Inadequacies
Of
Nowadays

Onward to
Freedom

Peace
Equality
Ayez
Confiance
En l'humanité

Sandra Graham

If the righteous
wish to create a world,
they could do so.

The Talmud

Edited by
Betty Nickerson

Adaption française
Jean Arsenault

Illustrated by
Students of Ottawa Valley Secondary Schools
Illustré par les
  étudiants des écoles secondaires de la vallée outaouaise

Published by

ALL ABOUT US/NOUS AUTRES, Inc.
Box 1985, Ottawa, Ontario K1P 5R5

All About Us/Nous Autres, Inc. 1977

ISBN o-919970-02-8

Printed in Canada by The Runge Press Limited, Ottawa, Canada

Cover Illustration
Allan Mak, High School of Commerce

Published with the assistance of the Department of Secretary of State, Group
Understanding and Human Rights.

Publié avec le concours de la Direction de la compréhension de groupes et droits de
l'homme, Secrétariat d'Etat.

Dedication

To the young people who inspired
and created this book;
And to a future in which we humans
learn to share our best qualities
with joy and appreciation for each
other.

En dédicace

Aux jeunes gens qui ont inspiré
et créé ce livre;
et à ce futur, là, où nous,
êtres humains, puissions apprendre
à partager nos plus belles qualités
dans la joie et à nous estimer
les uns les autres.

Other books by All About Us

All About Us/Nous Autres: Creative Writing and
   Painting By and For Young People
It's Not Always a Game/Un Eté d'illusions
Girls Will Be Women/Femmes de demain
My Third Eye: Images of a Cold Country

Table of Contents

Table des matières

Student Art Selection Committee

David Abelson

Peter Baker

Steve Conger

Rayma Hayes

Tim Kelly

Michael McCaffrey

Kathleen Mates

Sydney Sharpe

Michaelle Woods

Acknowledgements

All About Us wishes to thank the following institutions, educators, and the students who cooperated in this pilot project:

Boards of Education: Ottawa Board, Carleton Board, Carleton Roman Catholic Separate Board, Prescott and Russell County Board, Renfrew County Board, and Stormont Dundas and Glengarry County Board.

Secondary Schools and Ecoles Secondaires: André Laurendeau, Champlain, Charlebois, Fisher Park, Glebe Collegiate, Hillcrest, Laurentian, McArthur, Sir John A. MacDonald, Nepean, Cairine Wilson, Garneau, St. Pius X, Renfrew Collegiate, North Dundas, and particularly the High School of Commerce.

And the special assistance given by: Scotty Adams, S. Cesarotto, Reva Dolgoy, R.M. Dunlop, Gordon Hauser, Brenda King, David Lorente, Jack Maxted, Jean Palmer, Gilles Pinard, Ted Radema, Jean-Paul Scott and Michael Wilson.

OF YOU AND ME

a contemporary view of human rights by young canadians

Preface

The struggle for freedom is long, arduous, and unfinished. One phase of the search has been to find understandable words and forms with which to state the rights and duties of people, and the means to insure their respect. Mankind has codified in law and enshrined in his religions untold versions of the "right" way for human societies to exist together, so that individuals may reach their fullest potentials.

The *United Nations' Universal Declaration of Human Rights* is the modern-day effort to state the aspirations of human beings in a way that can be applied in all societies, and honoured by all peoples. It was passed by the General Assembly almost thirty years ago without a dissenting vote. The Declaration has been incorporated into the constitutions of newly-independent countries, and its wording reflects many constitutions, testimony to its universality.

That no nation has managed in practice to bring all aspects of the Declaration into being demonstrates the on-going effort needed to create a just and equitable society. The task will be passed on through succeeding generations.

Of You and Me: A Contemporary View of Human Rights by Young Canadians is the latest addendum to the long search. This time, through the medium of art, young people have set down their conceptions of the thirty articles of the Declaration. It is an ambitious undertaking, requiring thoughtful analysis as well as artistic talent. It is not, of course, a definitive work, but it is representative of the way in which today's young view the concepts of human rights. They have sought a global view, but as in mankind's previous attempts, the principles are interpreted largely as seen by members of a single society. The purpose, however, is valid — to breathe vitality into the formal document, opening the way for relevant discussion and study of human rights by a new generation.

The illustrations were selected by a student jury who deliberated earnestly, and with great sincerity to make the most appropriate choices from over three hundred drawings submitted by students in Ottawa Valley High Schools. Their efforts should inspire and challenge young people to understand the value of human rights, and to carry their application into adulthood.

As the articles were studied and understood, the drawings took shape amid a growing awareness that they represent an ideal to be achieved, and an ancient dream to be cherished.

In considering the articles and their application it must be remembered that these are not always laws. Each nation-state governs their application, or chooses to ignore their existence. But laws cannot be made strong enough, nor walls high enough to protect against the violation of such ideals as the Declaration contains. The true worth of these articles lies in the heart of each and every person, and the vigilance each brings to their defense. Contraventions of these rights — in the continuation of slavery, apartheid, genocide, racial discrimination, inequalities between men and women, prejudice against individuals — exist in varying degrees throughout the world. And the only real tribunal is world opinion, before which a caring and conscientious human race may eventually find redress for crimes against its own humanity. It is an enormous challenge for all time. It begins with you and me, manifest in our attitudes and deeds. For each of us to act in the "right" way towards one another is the first step. The second step follows more easily, for we can thereby encourage those people of good will in every society on earth.

BN
Ottawa, Canada

Préface

La lutte pour la liberté est une entreprise longue, ardue et en perpétuel recommencement. Dans une première étape sur la recherche de la liberté, on a tenté de trouver des mots et des formules décrivant les obligations et les droits des gens, et les moyens pour en assurer le respect. Le genre humain a codifié dans des lois et a illustré dans ses diverses religions la façon idéale pour les collectivités de coexister entre elles, de manière à ce que l'individu puisse atteindre son propre potentiel.

La Déclaration des Nations Unies sur les Droits de l'Homme constitue un effort majeur pour exposer les aspirations de l'être humain de façon à ce qu'elles puissent s'appliquer dans tous les milieux et qu'elles soient reconnues par toutes les nations. Cette déclaration a été adoptée à l'unanimité par l'Assemblée Générale, il y a une trentaine d'années. Plusieurs pays qui ont récemment obtenu leur indépendance ont incorporé cette déclaration dans leur constitution, preuve de son universalité.

Cependant, le fait qu'il n'y ait aucun pays à ce jour qui ait réussi à mettre en pratique tous les articles de la Déclaration démontre que la création d'une société juste et équitable constitue un effort constant de tous les jours. Et ce défi sera légué aux générations qui vont suivre.

Nous Autres, une vue contemporaine des droits de la personne par des jeunes Canadiens, est le plus récent apport sur le sujet dans cette longue recherche de la liberté. Cette fois-ci, à travers le médium de l'art, des jeunes ont

11

exposé leurs conceptions sur les trente articles de la Déclaration. On peut parler d'une entreprise ambitieuse requiérant une analyse poussée couplée d'un talent artistique certain. Il ne s'agit pas cependant d'un travail définitif mais bien de la représentation actuelle de ce que ces jeunes pensent sur le sujet des droits de la personne. On s'est efforcé de présenter une vue d'ensemble, mais comme dans les tentatives précédentes, on a interprété les principes comme les voient les membres d'une société unique. Le but toutefois garde sa validité: insuffler de la vitalité au document officiel ouvrir la porte à une discussion pertinente et à une étude des droits de la personne par la jeune génération.

Un jury d'étudiants a délibéré très sérieusement et avec grande sincérité pour établir un choix parmi plus de 300 illustrations présentées par des étudiants des écoles secondaires de la vallée outaouaise. Ces efforts devraient inspirer et stimuler les jeunes à approfondir le sujet des droits de la personne et à les inviter à les mettre en pratique dans leur vie d'adulte.

Au fur et à mesure que la compréhension se faisait sur les articles à l'étude, les illustrations trouvaient leur propre place dans cette représentation d'un idéal à atteindre, et d'un ancien rêve à caresser.

Quand on passe en revue les articles et leur application, on doit se rappeler qu'il ne s'agit pas toujours de lois. Chaque pays détermine les articles à appliquer ou décide de les ignorer. Toutefois, jamais on ne pourra voter des lois assez résistantes ou des murs assez élevés pour se protéger contre les empiètements sur les idéaux contenus dans la Déclaration. La valeur intrinsèque de chaque article repose dans le coeur de tous et de chacun. Il en est ainsi de la vigilance que chacun apporte à les défendre. Il existe des contraventions à ces droits, à des degrés divers, partout à travers le monde — esclavage, apartheid, génocides, discrimination raciale, inégalités entre hommes et femmes, préjugés contre les individus, et le reste. Et le seul tribunal de valeur demeure l'opinion mondiale, devant laquelle la race humaine peut éventuellement trouver réparation pour les crimes commis contre sa propre espèce. Il s'agit d'un défi énorme et constant. Il est en chacun de nous, manifeste dans nos attitudes et nos actes. Si tous et chacun se comportaient avec bonté envers les uns et les autres, ce serait un pas dans la bonne direction. Le reste viendrait facilement, car il est facile d'encourager les gens de bonne volonté par toute la terre.

BN
Ottawa, Canada

The Universal Declaration

of

Human Rights

Déclaration Universelle

des

Droits de L'Homme

Proclaimed by the General Assembly
of the United Nations
December 10, 1948

Proclamée par l'Assemblée générale
des Nations Unies
le 10 décembre, 1948

1. Déclaration universelle des droits de l'homme

Adoptée et proclamée par l'Assemblée générale dans sa résolution 217 A (III) du 10 décembre 1948

PRÉAMBULE

Considérant que la reconnaissance de la dignité inhérente à tous les membres de la famille humaine et de leurs droits égaux et inaliénables constitue le fondement de la liberté, de la justice et de la paix dans le monde,

Considérant que la méconnaissance et le mépris des droits de l'homme ont conduit à des actes de barbarie qui révoltent la conscience de l'humanité et que l'avènement d'un monde où les êtres humains seront libres de parler et de croire, libérés de la terreur et de la misère, a été proclamé comme la plus haute aspiration de l'homme,

Considérant qu'il est essentiel que les droits de l'homme soient protégés par un régime de droit pour que l'homme ne soit pas contraint, en suprême recours, à la révolte contre la tyrannie et l'oppression,

Considérant qu'il est essentiel d'encourager le développement de relations amicales entre nations,

Considérant que dans la Charte les peuples des Nations Unies ont proclamé à nouveau leur foi dans les droits fondamentaux de l'homme, dans la dignité et la valeur de la personne humaine, dans l'égalité des droits des hommes et des femmes, et qu'ils se sont déclarés résolus à favoriser le progrès social et à instaurer de meilleures conditions de vie dans une liberté plus grande,

Considérant que les États Membres se sont engagés à assurer, en coopération avec l'Organisation des Nations Unies, le respect universel et effectif des droits de l'homme et des libertés fondamentales,

Considérant qu'une conception commune de ces droits et libertés est de la plus haute importance pour remplir pleinement cet engagement,

L'ASSEMBLÉE GÉNÉRALE

Proclame la présente Déclaration universelle des droits de l'homme comme l'idéal commun à atteindre par tous les peuples et toutes les nations afin que tous les individus et tous les organes de la société, ayant cette Déclaration constamment à l'esprit, s'efforcent, par l'enseignement et l'éducation, de développer le respect de ces droits et libertés et d'en assurer, par des mesures progressives d'ordre national et international, la reconnaissance et l'application universelles et effectives, tant parmi les populations des États Membres eux-mêmes que parmi celles des territoires placés sous leur juridiction.

Universal Declaration of Human Rights

Adopted and proclaimed by General Assembly resolution 217 A (III) of 10 December 1948

PREAMBLE

Whereas recognition of the inherent dignity and of the equal and inalienable rights of all members of the human family is the foundation of freedom, justice and peace in the world,

Whereas disregard and contempt for human rights have resulted in barbarous acts which have outraged the conscience of mankind, and the advent of a world in which human beings shall enjoy freedom of speech and belief and freedom from fear and want has been proclaimed as the highest aspiration of the common people,

Whereas it is essential, if man is not to be compelled to have recourse, as a last resort, to rebellion against tyranny and oppression, that human rights should be protected by the rule of law,

Whereas it is essential to promote the development of friendly relations between nations,

Whereas the peoples of the United Nations have in the Charter reaffirmed their faith in fundamental human rights, in the dignity and worth of the human person and in the equal rights of men and women and have determined to promote social progress and better standards of life in larger freedom,

Whereas Member States have pledged themselves to achieve, in co-operation with the United Nations, the promotion of universal respect for and observance of human rights and fundamental freedoms,

Whereas a common understanding of these rights and freedoms is of the greatest importance for the full realization of this pledge,

Now, therefore,

THE GENERAL ASSEMBLY

Proclaims this Universal Declaration of Human Rights as a common standard of achievement for all peoples and all nations, to the end that every individual and every organ of society, keeping this Declaration constantly in mind, shall strive by teaching and education to promote respect for these rights and freedoms and by progressive measures, national and international to secure their universal and effective recognition and observance, both among the peoples of Member States themselves and among the peoples of territories under their jurisdiction.

Article 1

All human beings are born free and equal in dignity and rights. They are endowed with reason and conscience and should act towards one another in a spirit of brotherhood.

Tous les êtres humains naissent libres et égaux en dignité et en droits. Ils sont doués de raison et de conscience et doivent agir les uns envers les autres dans un esprit de fraternité.

Article 2

Everyone is entitled to all the rights and freedoms set forth in this Declaration, without distinction of any kind, such as race, colour, sex, language, religion, political or other opinion, national or social origin, property, birth or other status.

Furthermore, no distinction shall be made on the basis of the political, jurisdictional or international status of the country or territory to which a person belongs, whether it be independent, trust, non-self-governing or under any other limitation of sovereignty.

Chacun peut se prévaloir de tous les droits et de toutes les libertés proclamés dans la présente Déclaration, sans distinction aucune, notamment de race, de couleur, de sexe, de langue, de religion, d'opinion politique ou de toute autre opinion, d'origine nationale ou sociale, de fortune, de naissance ou de toute autre situation.

De plus, il ne sera fait aucune distinction fondée sur le statut politique, juridique ou international du pays ou du territoire dont une personne est ressortissante, que ce pays ou territoire soit indépendant, sous tutelle, non autonome ou soumis à une limitation quelconque de souveraineté.

Article 3

Everyone has the right to life, liberty and the security of person.

Tout individu a droit à la vie, à la liberté et à la sûreté de sa personne.

Article 4

No one shall be held in slavery or servitude; slavery and the slave trade shall be prohibited in all their forms.

Nul ne sera tenu en esclavage ni en servitude; l'esclavage et la traite des esclaves sont interdits sous toutes leurs formes.

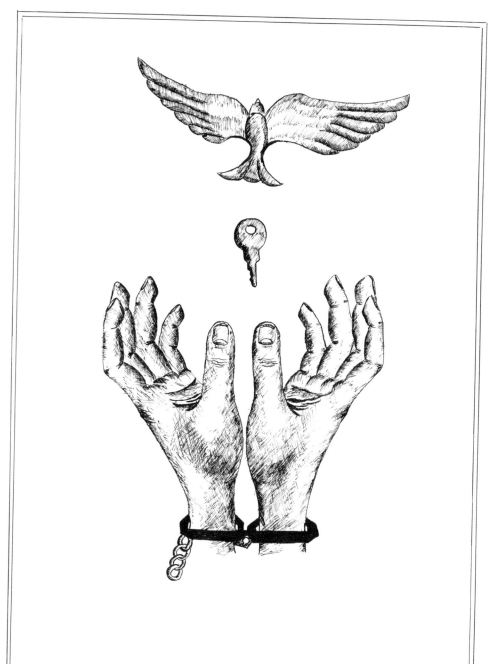

Article 5

No one shall be subjected to torture or to cruel, inhuman or degrading treatment or punishment.

Nul ne sera soumis à la torture, ni à des peines ou traitement cruels, inhumains ou dégradants.

Article 6

Everyone has the right to recognition everywhere as a person before the law.

Chacun a le droit à la reconnaissance en tous lieux de sa personnalité juridique.

Article 7

All are equal before the law and are entitled without any discrimination to equal protection of the law. All are entitled to equal protection against any discrimination in violation of this Declaration and against any incitement to such discrimination.

Tous sont égaux devant la loi et ont droit sans distinction à une égale protection de la loi. Tous ont droit à une protection égale contre toute discrimination qui violerait la présente Déclaration et contre toute provocation à une telle discrimination.

Article 8

Everyone has the right to an effective remedy by the competent national tribunals for acts violating the fundamental rights granted him by the constitution or by law.

Toute personne a droit à un recours effectif devant les juridictions nationales compétentes contre les actes violant les droits fondamentaux qui lui sont reconnus par la constitution ou par la loi.

Article 9

No one shall be subjected to arbitrary arrest, detention or exile.

Nul ne peut être arbitrairement arrêté, détenu ni exilé.

Article 10

Everyone is entitled in full equality to a fair and public hearing by an independent and impartial tribunal, in the determination of his rights and obligations and of any criminal charge against him.

Toute personne a droit, en pleine égalité, à ce que sa cause soit entendue équitablement et publiquement par un tribunal indépendant et impartial, qui décidera, soit de ses droits et obligations, soit du bien-fondé de toute accusation en matière pénale dirigée contre elle.

Article 11

1. Everyone charged with a penal offence has the right to be presumed innocent until proved guilty according to law in a public trial at which he has had all the guarantees necessary for his defence.

2. No one shall be held guilty of any penal offence on account of any act or omission which did not constitute a penal offence, under national or international law, at the time when it was committed. Nor shall a heavier penalty be imposed than the one that was applicable at the time the penal offence was committed.

1. Toute personne accusée d'un act délictueux est présumée innocente jusqu'à ce que sa culpabilité ait été légalement établie au cours d'un procès public où toutes les garanties nécessaires à sa défense lui auront été assurées.

2. Nul ne sera condamné pour des actions ou omissions qui, au moment où elles ont été commises, ne constituaient pas un acte délictueux d'après le droit national ou international. De même, il ne sera infligé aucune peine plus fort que celle qui était applicable au moment où l'acte délictueux a été commis.

ARTICLE 11

Article 12

No one shall be subjected to arbitrary interference with his privacy, family, home or correspondence, nor to attacks upon his honour and reputation. Everyone has the right to the protection of the law against such interference or attacks.

Nul ne sera l'objet d'immixtions arbitraires dans sa vie privée, sa famille, son domicile ou sa correspondance, ni d'atteintes à son honneur et à sa réputation. Toute personne a droit à la protection de la loi contre de telles immixtions ou de telles atteintes.

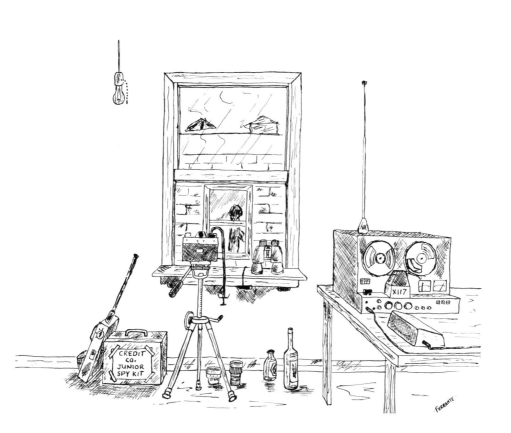

Article 13

1. Everyone has the right to freedom of movement and residence within the borders of each State.

2. Everyone has the right to leave any country, including his own, and to return to his country.

1. Toute personne a le droit de circuler librement et de choisir sa résidence à l'intérieur d'un État.

2. Toute personne a le droit de quitter tout pays, y compris le sien, et de revenir dans son pays.

Article 14

1. Everyone has the right to seek and to enjoy in other countries asylum from persecution.

2. This right may not be invoked in the case of prosecutions genuinely arising from non-political crimes or from acts contrary to the purposes and principles of the United Nations.

1. Devant la persécution, toute personne a le droit de chercher asile et de bénéficier de l'asile en d'autres pays.

2. Ce droit ne peut être invoqué dans le cas de poursuites réellement fondées sur un crime de droit commun on sur des agissements contraires aux buts et aux principes des Nations Unies.

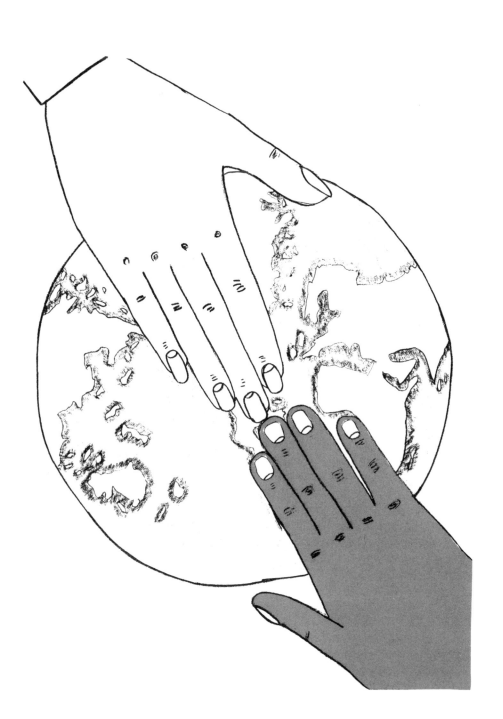

Article 15

1. Everyone has the right to a nationality.

2. No one shall be arbitrarily deprived of his nationality nor denied the right to change his nationality.

1. Tout individu a droit à une nationalité.

2. Nul ne peut être arbitrairement privé de sa nationalité, ni du droit de changer de nationalité.

Article 16

1. Men and women of full age, without any limitation due to race, nationality or religion, have the right to marry and to found a family. They are entitled to equal rights as to marriage, during marriage and at its dissolution.

2. Marriage shall be entered into only with the free and full consent of the intending spouses.

3. The family is the natural and fundamental group unit of society and is entitled to protection by society and the State.

1. À partir de l'âge nubile, l'homme et la femme, sans aucune restriction quant à la race, la nationalité ou la religion, ont le droit de se marier et de fonder une famille. Ils ont des droits égaux au regard du mariage, durant le mariage et lors de sa dissolution.

2. Le mariage ne peut être conclu qu'avec le libre et plein consentement des futurs époux.

3. La famille est l'élément naturel et fondamental de la société et a droit à la protection de la société et de l'État.

Article 17

1. Everyone has the the right to own property alone as well as in association with others.

2. No one shall be arbitrarily deprived of his property.

1. Toute personne, aussi bien seule qu'en collectivité, a droit à la propriété.

2. Nul ne peut être arbitrairement privé de sa propriété.

Article 18

Everyone has the right to freedom of thought , conscience and religion; this right includes freedom to change his religion or belief, and freedom, either alone or in community with others and in public or private, to manifest his religion or belief in teaching, practice, worship and observance.

Toute personne a droit à la liberté de pensée, de conscience et de religion; ce droit implique la liberté de changer de religion ou de conviction ainsi que la liberté de manifester sa religion ou sa conviction, seule ou en commun, tant en public qu'en privé, par l'enseignement, les pratiques, le culte et l'accomplisse-ment des rites.

Article 19

Everyone has the right to freedom of opinion and expression; this right includes freedom to hold opinions without interference and to seek, receive and impart information and ideas through any media and regardless of frontiers.

Tout individu a droit à la liberté d'opinion et d'expression, ce qui implique le droit de ne pas être inquiété pour ses opinions et celui de chercher, de recevoir et de répandre, sans considérations de frontières, les informations et les idées par quelque moyen d'expression que ce soit.

Nadine Biondi

Article 20

1. Everyone has the right to freedom of peaceful assembly and association.

2. No one may be compelled to belong to an association.

1. Toute personne a droit à la liberté de réunion et d'association pacifiques.

2. Nul ne peut être obligé de faire partie d'une association.

Article 21

1. Everyone has the right to take part in the government of his country, directly or through freely chosen representatives.

2. Everyone has the right of equal access to public service in his country.

3. The will of the people shall be the basis of the authority of government; this will shall be expressed in periodic and genuine elections which shall be by universal and equal suffrage and shall be held by secret vote or by equivalent free voting procedures.

1. Toute personne a le droit de prendre part à la direction des affaires publiques de son pays, soit directement, soit par l'intermédiaire de représentants librement choisis.

2. Toute personne a droit à accéder, dans des conditions d'égalité, aux fonctions publiques de son pays.

3. La volonté du peuple est le fondement de l'autorité des pouvoirs publics; cette volonté doit s'exprimer par des élections honnêtes qui doivent avoir lieu périodiquement, au suffrage universel égal et au vote secret ou suivant une procédure équivalente assurant la liberté du vote.

Article 22

Everyone, as a member of society, has the right to social security and is entitled to realization, through national effort and international co-operation and in accordance with the organization and resources of each State, of the economic, social and cultural rights indispensable for his dignity and the free development of his personality.

Toute personne, en tant que membre de la société, a droit à la sécurité sociale; elles est fondée à obtenir la satisfaction des droits économiques, sociaux et culturels indispensables à sa dignité et au libre développement de sa personnalité, grâce à l'effort national et à la coopération internationale, compte tenu de l'organisation et des ressources de chaque pays.

André A. OBADIA
Professor of French Education
Professeur d'éducation française
FACULTY OF EDUCATION
SIMON FRASER UNIVERSITY
BURNABY, B.C.
V5A 1S6

Article 23

1. Everyone has the right to work, to free choice of employment, to just and favourable conditions of work and to protection against unemployment.

2. Everyone, without any discrimination, has the right to equal pay for equal work.

3. Everyone who works has the right to just and favourable remuneration ensuring for himself and his family an existence worthy of human dignity, and supplemented, if necessary, by other means of social protection.

4. Everyone has the right to form and to join trade unions for the protection of his interests.

1. Toute personne a droit au travail, au libre choix de son travail, à des conditions équitables et satisfaisantes de travail et à la protection contre le chômage.

2. Tous ont droit, sans aucune discrimination, à un salaire égal pour un travail égal.

3. Quiconque travaille a droit à une rémunération équitable et satisfaisante lui assurant ainsi qu'à sa famille une existence conforme à la dignité humaine et complétée, s'il y a lieu, par tous autres moyens de protection sociale.

4. Toute personne a le droit de fonder avec d'autres des syndicats et de s'affilier à des syndicats pour la défense de ses intérêts.

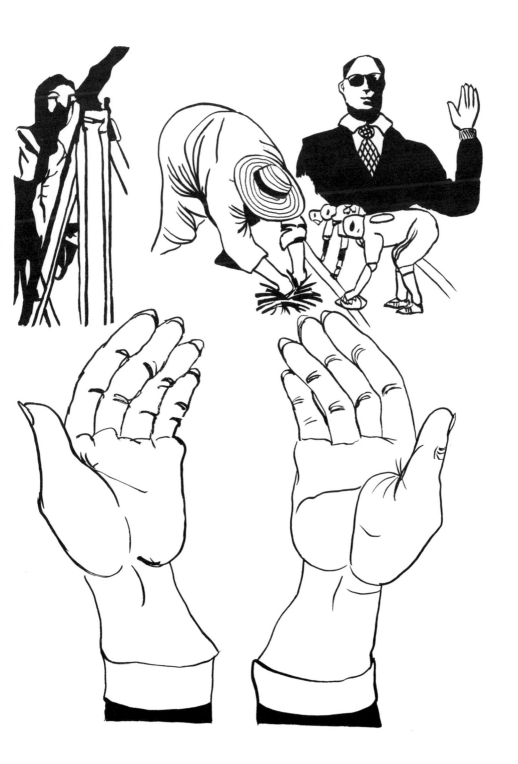

Article 24

Everyone has the right to rest and leisure, including reasonable limitation of working hours and periodic holidays with pay.

Toute personne a droit au repos et aux loisirs et notamment à une limitation raisonnable de la durée du travail et à des congés payés périodiques.

Article 25

1. Everyone has the right to a standard of living adequate for the health and well-being of himself and of his family, including food, clothing, housing and medical care and necessary social services, and the right to security in the event of unemployment, sickness, disability, widowhood, old age or other lack of livelihood in circumstances beyond his control.

1. Toute personne a droit à un niveau de vie suffisant pour assurer sa santé, son bien-être et ceux de sa famille, notamment pour l'alimentation, l'habillement, le logement, les soins médicaux ainsi que pour les services sociaux nécessaires; elle a droit à la sécurité en cas de chômage, de maladie, d'invalidité, de veuvage, de vieillesse ou dans les autres cas de perte de ses moyens de subsistance par suite de circonstances indépendantes de sa volonté.

Article 25

2. Motherhood and childhood are entitled to special care and assistance. All children, whether born in or out of wedlock, shall enjoy the same social protection.

2. La maternité et l'enfance ont droit à une aide et à une assistance spéciales. Tous les enfants, qu'ils soient nés dans le mariage ou hors mariage, jouissent de la même protection sociale.

Article 26

1. Everyone has the right to education. Education shall be free, at least in the elementary and fundamental stages. Elementary education shall be compulsory. Technical and professional education shall be made generally available and higher education shall be equally accessible to all on the basis of merit.

1. Toute personne a droit à l'éducation. L'éducation doit être gratuite, au moins en ce qui concerne l'enseignement élémentaire et fondamental. L'enseignement élémentaire est obligatoire. L'enseignement technique et professionel doit être généralisé; l'accès aux études supérieures doit être ouvert en pleine égalité à tous en fonction de leur mérite.

Article 26

2. Education shall be directed to the full development of the human personality and to the strengthening of respect for human rights and fundamental freedoms. It shall promote understanding, tolerance and friendship among all nations, racial or religious groups, and shall further the activities of the United Nations for the maintenance of peace.

3. Parents have a prior right to choose the kind of education that shall be given to their children.

2. L'éducation doit viser au plein épanouissement de la personnalité humaine et au renforcement du respect des droits de l'homme et des libertés fondamentales. Elle doit favoriser la compréhension, la tolérance et l'amitié entre toutes les nations et tous les groupes raciaux ou religieux, ainsi que le développement des activités des Nations Unies pour le maintien de la paix.

3. Les parents ont, par priorité, le droit de choisir le genre d'éducation à donner à leurs enfants.

Article 27

1. Everyone has the right freely to participate in the cultural life of the community, to enjoy the arts and to share in scientific advancement and its benefits.

2. Everyone has the right to the protection of the moral and material interests resulting from any scientific, literary or artistic production of which he is the author.

1. Toute personne a le droit de prendre part librement à la vie culturelle de la communauté, de jouir des arts et de participer au progrès scientifique et aux bienfaits qui en résultent.

2. Chacun a droit à la protection des intérêts moraux et matériels découlant de toute production scientifique, littéraire ou artistique dont il est l'auteur.

Article 28

Everyone is entitled to a social and international order in which the rights and freedoms set forth in this Declaration can be fully realized.

Toute personne a droit à ce que règne, sur le plan social et sur le plan international, un ordre tel que les droits et libertés énoncés dans la présente Déclaration puissent y trouver plein effet.

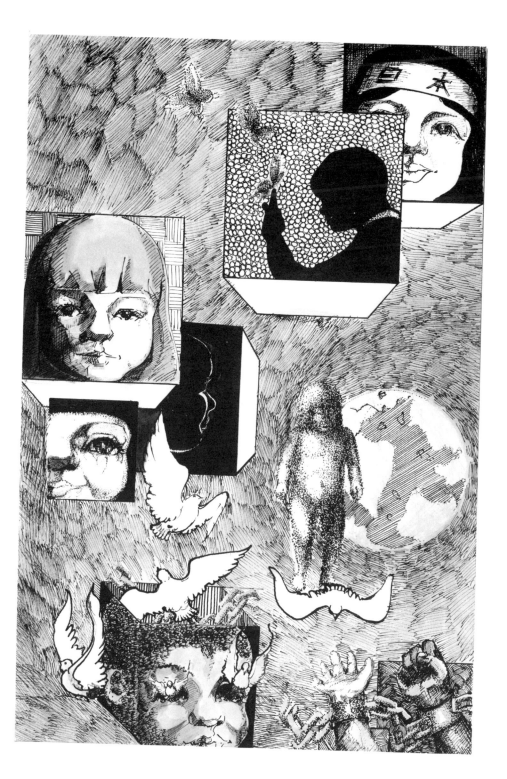

Article 29

1. Everyone has duties to the community in which alone the free and full development of his personality is possible.

2. In the exercise of his rights and freedoms, everyone shall be subject only to such limitations as are determined by law solely for the purpose of securing due recognition and respect for the rights and freedoms of others and of meeting the just requirements of morality, public order and the general welfare in a democratic society.

3. These rights and freedoms may in no case be exercised contrary to the purposes and principles of the United Nations.

1. L'individu a des devoirs envers la communauté dans laquelle seule le libre et plein développement de sa personnalité est possible.

2. Dans l'exercice de ses droits et dans la jouissance de ses libertés, chacun n'est soumis qu'aux limitations établies par la loi exclusivement en vue d'assurer la reconnaissance et le respect des droits et libertés d'autrui et afin de satisfaire aux justes exigences de la morale, de l'ordre public et du bien-être général dans une société démocratique.

3. Ces droits et libertés ne pourront, en aucun cas, s'exercer contrairement aux buts et aux principes des Nations Unies.

Article 30

Nothing in this Declaration may be interpreted as implying for any State, group or person any right to engage in any activity or to perform any act aimed at the destruction of any of the rights and freedoms set forth herein.

Aucune disposition de la présente Déclaration ne peut être interprétée comme impliquant pour un État, un groupement ou un individu un droit quelconque de se livrer à une activité ou d'accomplir un acte visant à la destruction des droits et libertés qui y sont énoncés.

Student Version
United Nations' Declaration of
Human Rights

1. All human beings are born free with equal rights.
2. No one, for any reason, shall be excluded from these rights.
3. Everyone has the right to life, liberty and security of person.
4. No one is to be held in slavery.
5. No one is to be tortured or treated in any inhuman way.
6. All persons, everywhere, are to be recognized before the law.
7. All are equal before the law.
8. Everyone is entitled to an effective remedy by the law to stop the violation of his rights.
9. No one shall be arrested unless a law is broken.
10. Everyone is entitled to a fair and public trial.
11. Everyone is innocent until proven guilty.
12. No interference with family, home, correspondence or reputation is to be allowed.
13. Everyone has the right to move freely in his own country and out of it.
14. Everyone has the right to ask asylum in another country provided he has not broken the law.
15. Everyone has the right to a nationality and to change nationality.
16. Men and women of full age are entitled to marry, and to end that marriage with equal rights.
17. Everyone has the right to own property.
18. Everyone has the right to freedom of thought, conscience and religion.
19. Everyone has the right to his own opinion, and to state that opinion.
20. Everyone has the right to join any peaceful association but he may not be compelled to join.
21. Everyone has the right to serve in government or to vote for his choice of government.
22. Everyone has the right to basic economic and social security.
23. Everyone has the right to work.
24. Everyone has the right to leisure.
25. Everyone has the right to an adequate standard of living. Children and mothers are entitled to special care and assistance.
26. Everyone has the right to education. For all children education is compulsory and should be directed to producing a harmonious world society.
27. Everyone has the right to enjoy the creative work of himself and others.
28. Everyone is entitled to a world in which these rights and freedoms are available.
29. Everyone has duties to the community to exercise his freedom without trespassing on others' freedom.
30. No one shall suppress any of the above freedoms.

Prepared by High School of Commerce
Art History Students

The Canadian

Bill of Rights

Déclaration canadienne

des droits

An Act for the Recognition and Protection of Human Rights and Fundamental Freedoms

(Passed by the Parliament of Canada and assented to 10th August, 1960)

The Parliament of Canada, affirming that the Canadian Nation is founded upon principles that acknowledge the supremacy of God, the dignity and worth of the human person and the position of the family in a society of free men and free institutions:

Affirming also that men and institutions remain free only when freedom is founded upon respect for moral and spiritual values and the rule of law;

And being desirous of enshrining these principles and the human rights and fundamental freedoms derived from them, in a Bill of Rights which shall reflect the respect of Parliament for its constitutional authority and which shall ensure the protection of these rights and freedoms in Canada:

THEREFORE Her Majesty, by and with the advice and consent of the Senate and House of Commons of Canada, enacts as follows:

Part I

Bill of Rights

1. It is hereby recognized and declared that in Canada there have existed and shall continue to exist without discrimination by reason of race, national origin, colour, religion or sex, the following human rights and fundamental freedoms, namely,

(a) the right of the individual to life, liberty, security of the person and enjoyment of property, and the right not to be deprived thereof except by due process of law;

(b) the right of the individual to equality before the law and the protection of the law;

(c) freedom of religion;

(d) freedom of speech;

(e) freedom of assembly and association; and

(f) freedom of the press.

2. Every law of Canada shall, unless it is expressly declared by an Act of the Parliament of Canada that it shall operate notwithstanding the *Canadian Bill of Rights*, be so construed and applied as not to abrogate, abridge or infringe or to authorize the abrogation, abridgment or infringement of any of the rights or freedoms herein recognized and declared, and in particular, no law of Canada shall be construed or applied so as to

(a) authorize or effect the arbitrary detention, imprisonment or exile of any person;

(b) impose or authorize the imposition of cruel and unusual treatment or punishment;

(c) deprive a person who has been arrested or detained
  (i) of the right to be informed promptly of the reason for his arrest or detention,
  (ii) of the right to retain and instruct counsel without delay, or
  (iii) of the remedy by way of *habeas corpus* for the determination of the validity of his detention and for his release if the detention is not lawful;

(d) authorize a court, tribunal, commission, board or other authority to compel a person to give evidence if he is denied counsel, protection against self crimination or other constitutional safeguards;

(e) deprive a person of the right to a fair hearing in accordance with the principles of fundamental justice for the determination of his rights and obligations;

(f) deprive a person charged with a criminal offence of the right to be presumed innocent until proved guilty according to law in a fair and public hearing by an independent and impartial tribunal, or of the right to reasonable bail without just cause; or

(g) deprive a person of the right to the assistance of an interpreter in any proceedings in which he is involved or in which he is a party or a witness, before a court, commission, board or other tribunal, if he does not understand or speak the language in which such proceedings are conducted.

3. The Minister of Justice shall, in accordance with such regulations as may be prescribed by the Governor in Council, examine every proposed regulation submitted in draft form to the Clerk of the Privy Council pursuant to the *Regulations Act* and every Bill introduced in or presented to the House of Commons, in order to ascertain whether any of the provisions thereof are inconsistent with the purposes and provisions of this Part and he shall report any such inconsistency to the House of Commons at the first convenient opportunity.

4. The provisions of this Part shall be known as the *Canadian Bill of Rights*.

Part II

5. (1) Nothing in Part I shall be construed to abrogate or abridge any human right or fundamental freedom not enumerated therein that may have existed in Canada at the commencement of this Act.

(2) The expression "law of Canada" in Part I means an Act of the Parliament of Canada enacted before or after the coming into force of this Act, any order, rule or regulation thereunder, and any law in force in Canada or in any part of Canada at the commencement of this Act that is subject to be repealed, abolished or altered by the Parliament of Canada.

(3) The provisions of Part I shall be construed as extending only to matters coming within the legislative authority of the Parliament of Canada.

6. Section 6 of the *War Measures Act* is repealed and the following substituted therefor:

"**6.** (1) Sections 3, 4 and 5 shall come into force only upon the issue of a proclamation of the Governor in Council declaring that war, invasion or insurrection, real or apprehended, exists.

(2) A proclamation declaring that war, invasion or insurrection, real or apprehended, exists shall be laid before Parliament forthwith after its issue, or, if Parliament is then not sitting, within the first fifteen days next thereafter that Parliament is sitting.

(3) Where a proclamation has been laid before Parliament pursuant to subsection (2), a notice of motion in either House signed by ten members thereof and made in accordance with the rules of that House within ten days of the day the proclamation was laid before Parliament, praying that the proclamation be revoked, shall be debated in that House at the first convenient opportunity within the four sitting days next after the day the motion in that House was made.

(4) If both Houses of Parliament resolve that the proclamation be revoked, it shall cease to have effect, and sections 3, 4 and 5 shall cease to be in force until those sections are again brought into force by a further proclamation but without prejudice to the previous operation of those sections or anything duly done or suffered thereunder of any offence committed or any penalty or forfeiture or punishment incurred.

(5) Any act or thing done or authorized or any order or regulation made under the authority of this Act, shall be deemed not to be an abrogation, abridgement or infringement of any right or freedom recognized by the *Canadian Bill of Rights*."

THE BILL O...

The Right of Life & Property

Freedom of Religion

Freedom of...

RIGHTS
Equality Before The Law
Freedom of the Press
NEWSPAPERS
peech

Loi ayant pour objets la reconnaissance et la protection des droits de l'homme et des libertés fondamentales

(Adoptée par le Parlement du Canada et sanctionnélle 10 août 1960)

Le Parlement du Canada proclame que la nation canadienne repose sur des principes qui reconnaissent la suprématie de Dieu, la dignité et la valeur de la personne humaine ainsi que le rôle de la famille dans une société d'hommes libres et d'institutions libres;

Il proclame en outre les hommes et les institutions ne demeurent libres que dans la mesure où la liberté s'inspire du respect des valeurs morales et spirituelles et du règne du droit;

Et afin d'expliciter ces principes ainsi que les droits de l'homme et les libertés fondamentales qui en découlent, dans une Déclaration de droits qui respecte la compétence législative du Parlement du Canada et qui assure à sa population la protection de ces droits et des ces libertés.

EN CONSEQUENCE, Sa Majesté, sur l'avis et du consentement du Sénat et de la Chambre des communes du Canada, décrète:

Partie I

Déclaration des droits

1. Il est par les présentes reconnu et déclaré que les droits de l'homme et les libertés fondamentales ci-après énoncés ont existé et continueront à exister pour tout individu au Canada quels que soient sa race, son origine nationale, sa couleur, sa religion ou son sexe:

(a) le droit de l'individu à la vie, à la liberté, à la sécurité de la personne ainsi qu'à la jouissance de ses biens, et le droit de ne s'en voir privé que par l'application régulière de la loi;

(b) le droit de l'individu à l'égalité devant la loi et à la protection de la loi;

(c) la liberté de religion;

(d) la liberté de parole;

(e) la liberté de réunion et d'association, et

(f) la liberté de la presse.

2. Toute loi du Canada, à moins qu'une loi du Parlement du Canada ne déclare expressément qu'elle s'appliquera nonobstant la *Déclaration canadienne des droits,* doit s'interpréter et s'appliquer de manière à ne pas supprimer, restreindre ou enfreindre l'un quelconque des droits ou des libertés reconnus et déclarés aux présentes, ni à en autoriser la suppression, la diminution ou la transgression, et en particulier, nulle loi du Canada ne doit s'interpréter ni s'appliquer comme

(a) autorisant ou prononçant la détention, l'emprisonnement ou l'exil arbitraires de qui que ce soit;

(b) infligeant des peines ou traitements cruels et inusités, ou comme en autorisant l'imposition;

(c) privant une personne arrêtée ou détenue

   (i) du droit d'être promptement informée des motifs de son arrestation ou de sa détention,

   (ii) du droit de retenir et constituer un avocat sans délai, ou

   (iii) du recours par voie d'*habeas corpus* pour qu'il soit jugé de la validité de sa détention et que sa libération soit ordonnée si la détention n'est pas légale;

(d) autorisant une cour, un tribunal, une commission, un office, un conseil ou une autre autorité à contraindre une personne à témoigner si on lui refuse le secours d'un avocat, la protection contre son propre témoignage ou l'exercice de toute garantie d'ordre constitutionnel;

(e) privant une personne du droit à une audition impartiale de sa cause, selon les principes de justice fondamentale, pour la définition de ses droits et obligations;

(f) privant une personne accusée d'un acte criminel du droit à la présomption d'innocence jusqu'à ce que la preuve de sa culpabilité ait été établie en conformité de la loi, après une audition impartiale et publique de sa cause par un tribunal indépendant et non préjugé, ou la privant sans juste cause du droit à un cautionnement raisonnable; ou

(g) privant une personne du droit à l'assistance d'un interprète dans des procédures où elle est mise en cause ou est partie ou témoin, devant une cour, une commission, un office, un conseil ou autre tribunal, si elle ne comprend ou ne parle pas la langue dans laquelle se déroulent ces procédures.

3. Le ministre de la Justice doit, en conformité de règlements prescrits par le gouverneur en conseil, examiner toute proposition de règlement soumise, sous forme d'avant-projet, au greffier du Conseil privé, selon la *Loi sur les règlements,* comme tout projet ou proposition de loi soumis ou présenté à la Chambre des communes, en vue de constater, si l'une quelconque de ses dispositions est incompatible avec les fins et dispositions de la présente Partie, et il doit signaler toute semblable incompatibilité à la Chambre des communes dès qu'il en a l'occasion.

4. Les dispositions de la présente Partie doivent être connues sous la désignation: *Déclaration canadienne des droits.*

Partie II

5. (1) Aucune disposition de la Partie I ne doit s'interpréter de manière à supprimer ou restreindre l'exercice d'un droit de l'homme ou d'une liberté fondammentale non énumérés dans ladite Partie et qui peuvent avoir existé au Canada lors de la mise en vigueur de la présente loi.

(2) L'expression «loi du Canada», à la Partie I, désigne une loi du Parlement du Canada, édictée avant ou après la mise en vigueur de la présente loi, ou toute ordonnance, règle ou règlement établi sous son régime, et toute loi exécutoire au Canada ou dans une partie du Canada lors de l'entrée en application de la présente loi, qui est susceptible d'abrogation, d'abolition ou de modification par le Parlement du Canada.

(3) Les dispositions de la Partie I doivent s'interpréter comme ne visant que les matières qui sont de la compétence législative du Parlement du Canada.

6. L'article 6 de la *Loi sur les mesures de guerre* est abrogé et remplacé par ce qui suit:

«**6.** (1) Les articles 3, 4 et 5 n'entreront en vigueur que sur la publication d'une proclamation du gouverneur en conseil, déclarant qu'il existe une guerre, invasion ou insurrection, réelle ou appréhendée.

(2) Une proclamation déclarant qu'il existe une guerre, invasion ou insurrection, réelle ou appréhendée, doit être présentée au Parlement immédiatement après sa publication ou, si le Parlement n'est pas alors en session, dans les quinze premiers jours où le Parlement siège par la suite.

(3) Lorsqu'une proclamation a été présentée au Parlement selon le paragraphe (2), un avis de motion dans l'une ou l'autre Chambre, signé par dix de ses membres et effectué en conformité des règles de ladite Chambre dans un délai de dix jours à compter de la date où la proclamation a été présentée au Parlement, demandant la révocation de la proclamation, doit être soumis aux délibérations de ladite Chambre aussitôt que possible dans les quatre jours de séance qui suivent la date de la présentation de cette motion en ladite Chambre.

(4) Si les deux Chambres du Parlement adoptent une résolution révoquant la proclamation, elle cessera d'être exécutoire, et les articles 3, 4 et 5 cesseront d'avoir effet jusqu'à ce qu'ils soient remis en vigueur par une nouvelle proclamation, mais sans préjudice de l'application antérieure desdits articles ou d'une chose régulièrement accomplie ou subie sour leur régime, d'une infraction commise ou de quelque peine, confiscation ou punition encourue.

(5) Un acte ou une chose accomplie ou autorisée, ou un arrêté, décret ou règlement établi, sous le régime de la présente loi, est censé ne pas constituer une suppression, une diminution ou une transgression d'une liberté ou d'un droit quelconque reconnu par la *Déclaration canadienne des droits*. »

Un Credo pour le Canada

Nous venons tous de quelque part, nous avons choisi le Canada comme foyer d'adoption. Dans notre bagage culturel, nous possédons l'expérience et la sagesse du monde.

Ces morceaux de choix parmi les valeurs les plus sûres et les traditions de nos différents peuples, nous les offrons en hommage à cette nouvelle patrie. Derrière nous, les blessures, les guerres, les famines! Nous vivons ici dans un vaste et généreux pays plein de défis à relever.

Cette ingéniosité que nous déployons à conjuguer nos divers éléments culturels, nous aidera à développer une identité dans cette phase de notre croissance et au cours de notre vie. Chacun d'entre nous, à l'intérieur de ses propres limites, ajoute un éclat de couleur à la mosaïque canadienne. Comment allons-nous agencer toutes ces pièces? Voilà notre défi!

A Credo for Canada

We have all come here from somewhere else, choosing Canada as our new home. Contained within our cultural luggage is the experience and wisdom of the world.

We have the opportunity to select the finest values and customs of our many peoples, and give expression to these qualities in this new home. The hurts, the wars and the famines we fled are now left behind. Our lives are here in a vast and favoured land alive with challenge.

The ingenuity we employ in combining our many cultural ingredients will continue to create our identity as we live and grow together. Each of us, within our own space, adds a spark of colour to the Canadian mosiac; how we arrange these many parts will be our ultimate work of art as a people.

Illustrations

Resource materials for classroom use were provided by the following:

United Nations Association in Canada; Canadian Commission for UNESCO; International Labour Organization for the United Nations; United Nations High Commission for Refugees.

Canadian Association in Support of Native Peoples; Inuit Cultural Institute; Inuit Taparisat; National Indian Brotherhood; Native Council of Canada (Metis); Southern Support Group (Dene Nation).

Canadian Federation of Civil Liberties and Human Rights Associations; Civil Liberties Association (National Capital Region); Human Rights Institute of Canada.

Department of Justice; Federal Advisory Council on the Status of Women; Secretary of State — Citizenship and Multiculturalism Branches; Manpower and Immigration; Department of Indian Affairs and Northern Development; Labour Canada.

Ontario and Quebec Human Rights Commissions.